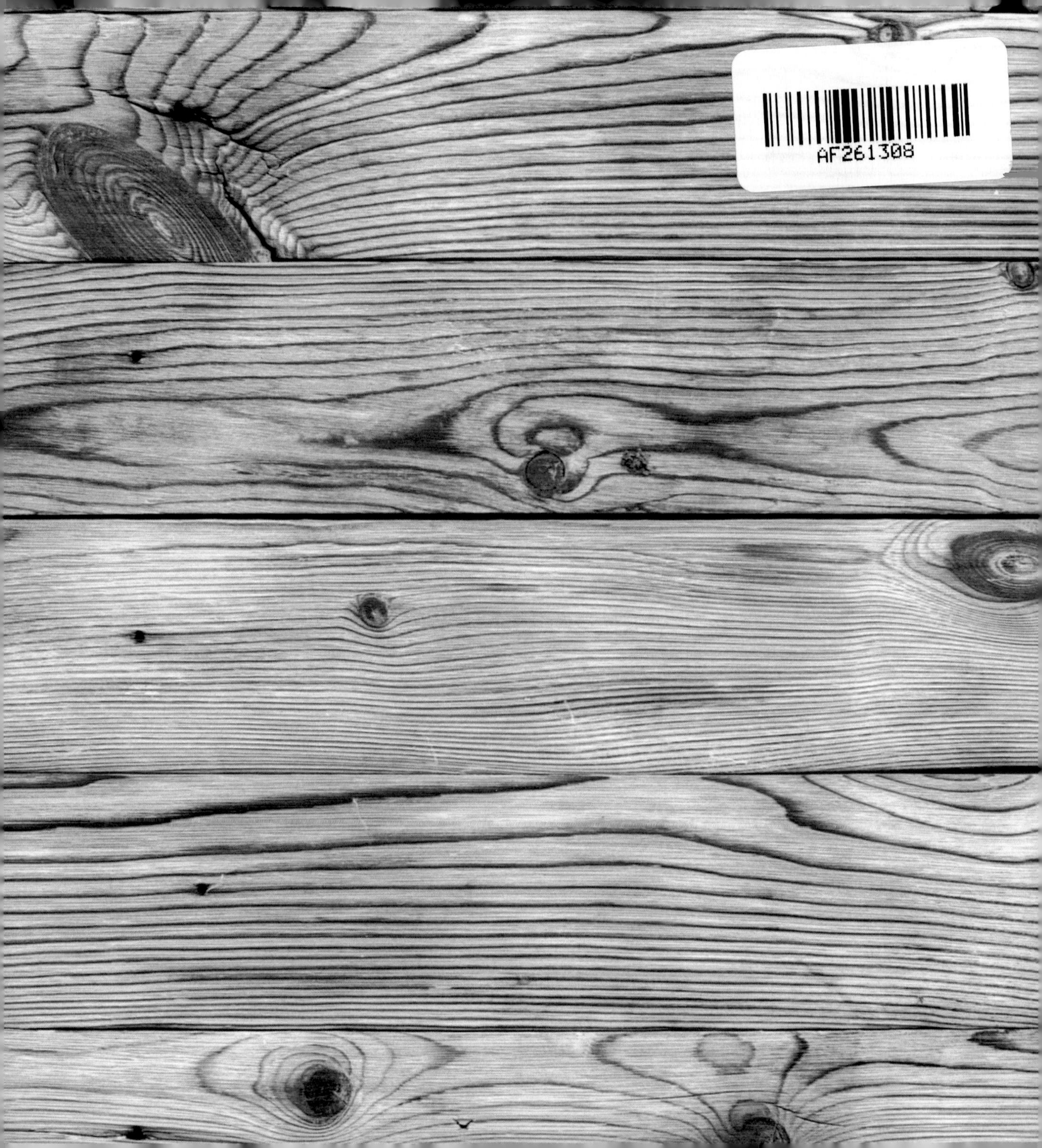
AF261308

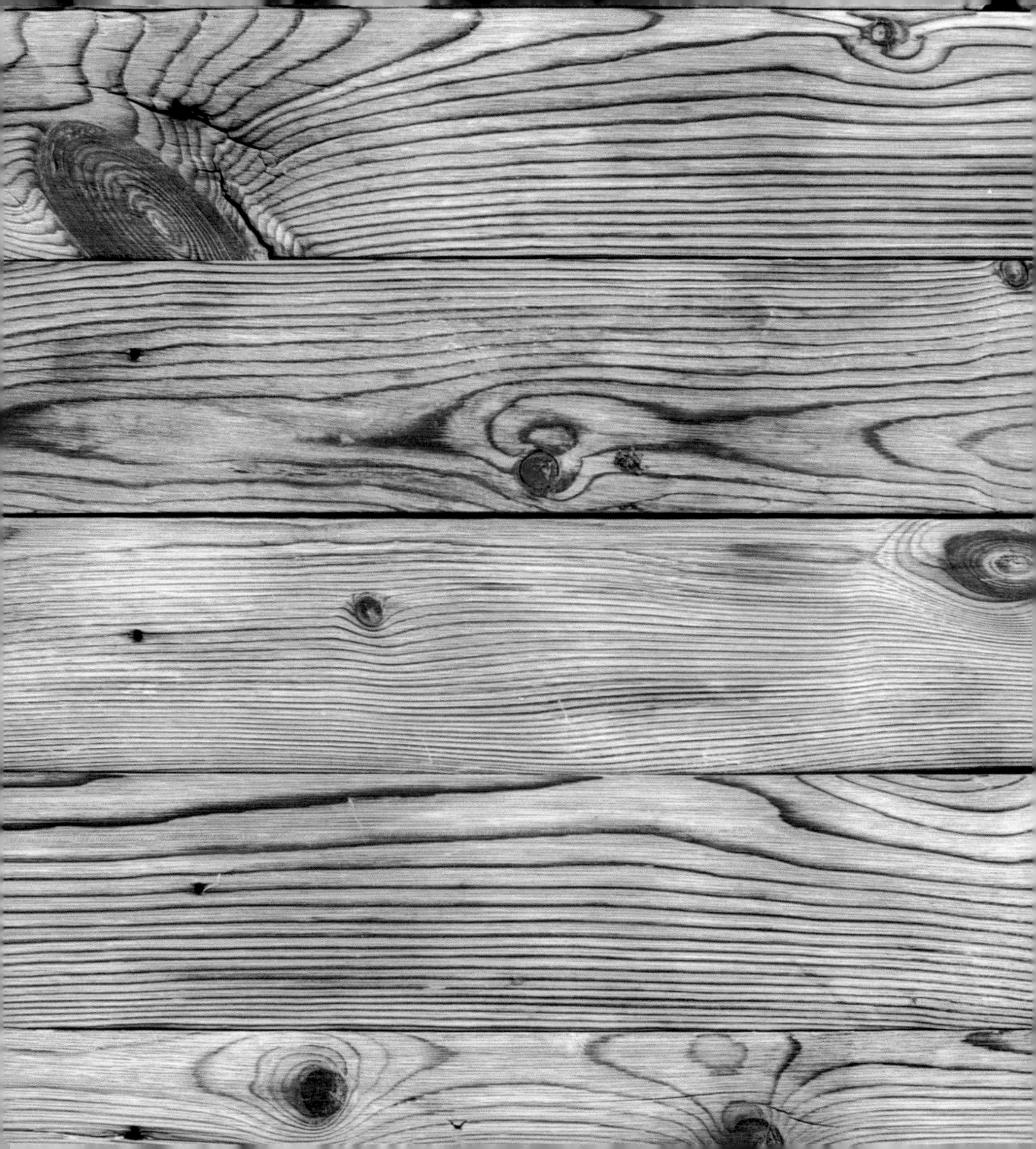

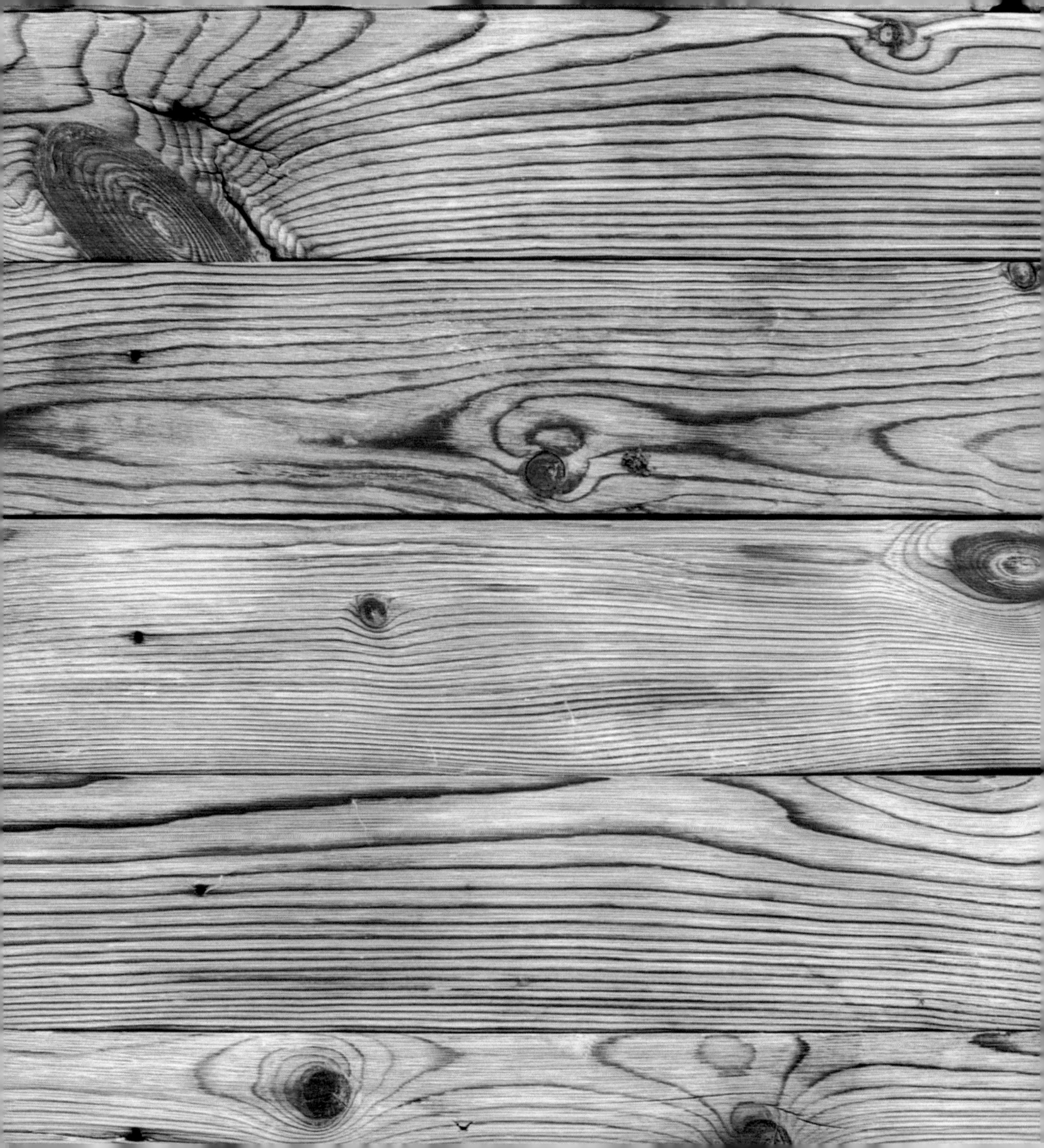

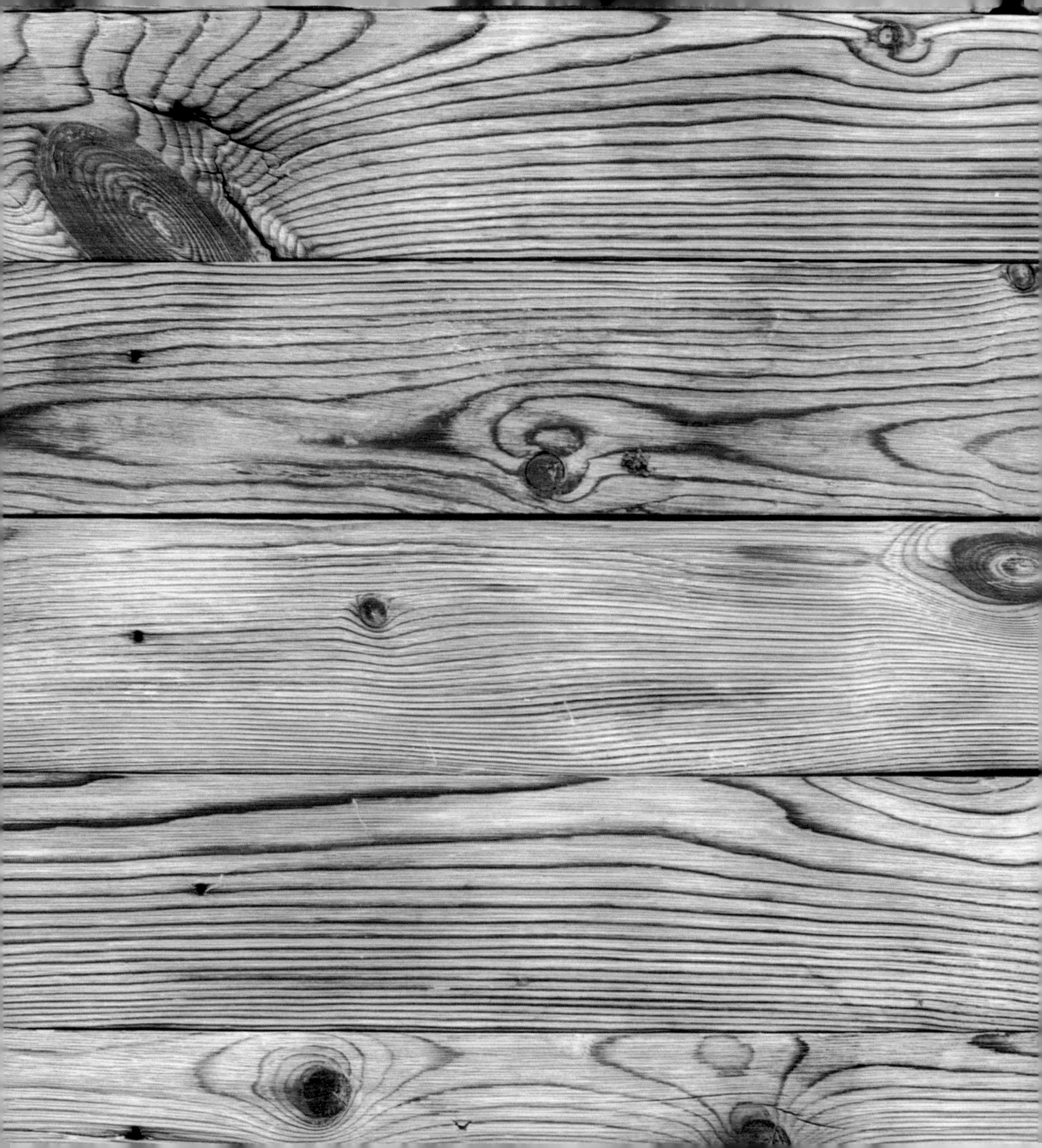

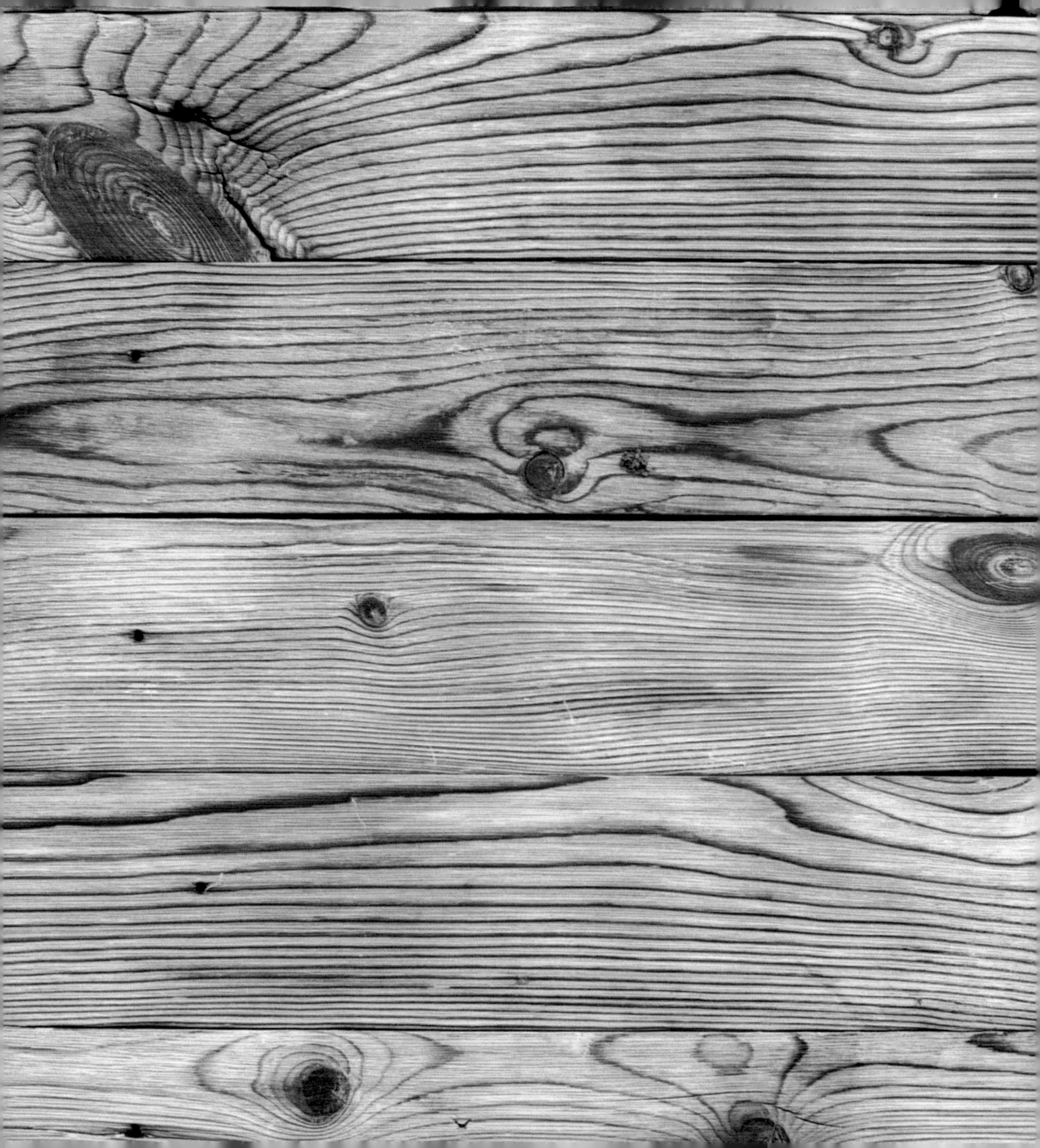

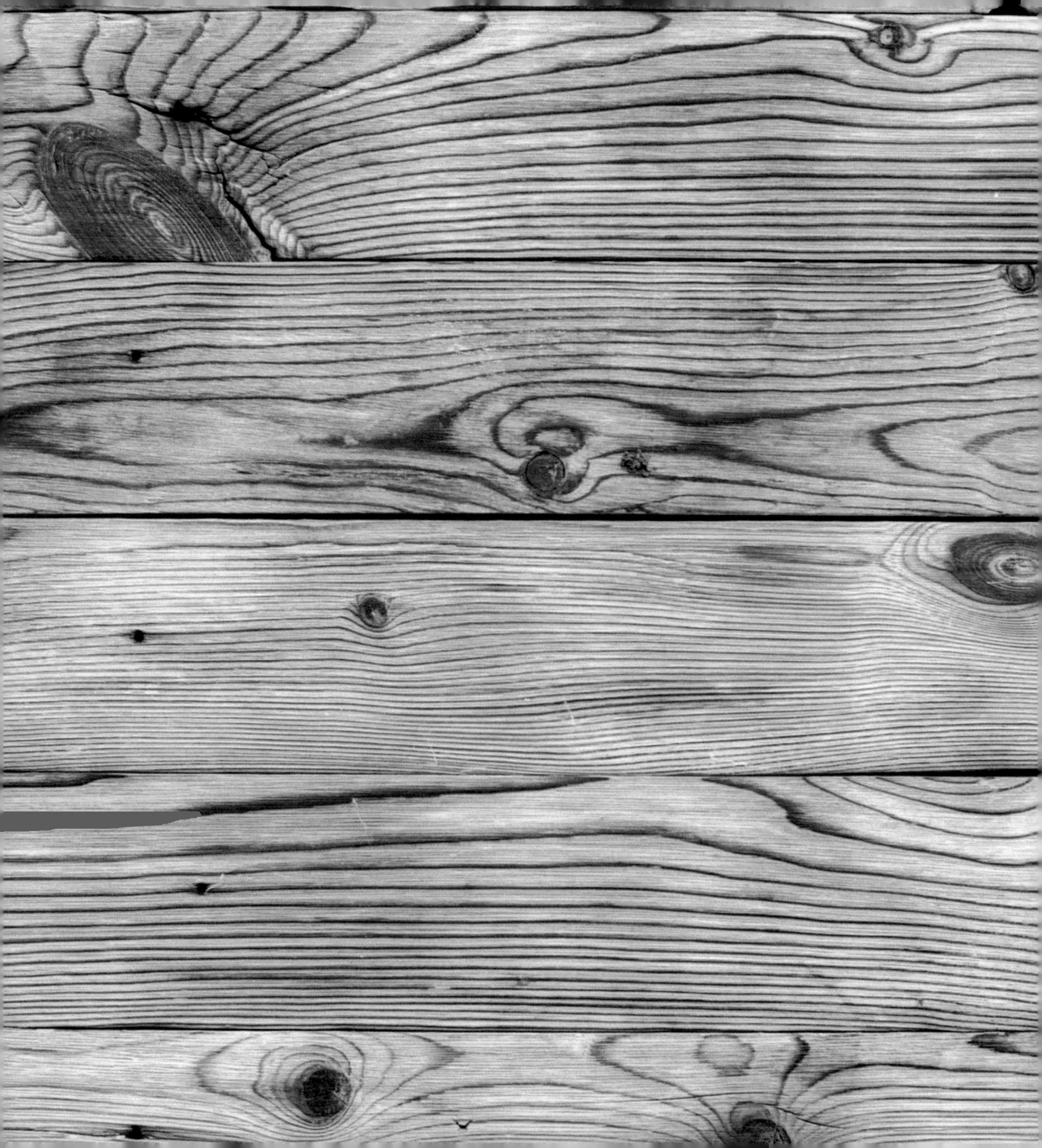

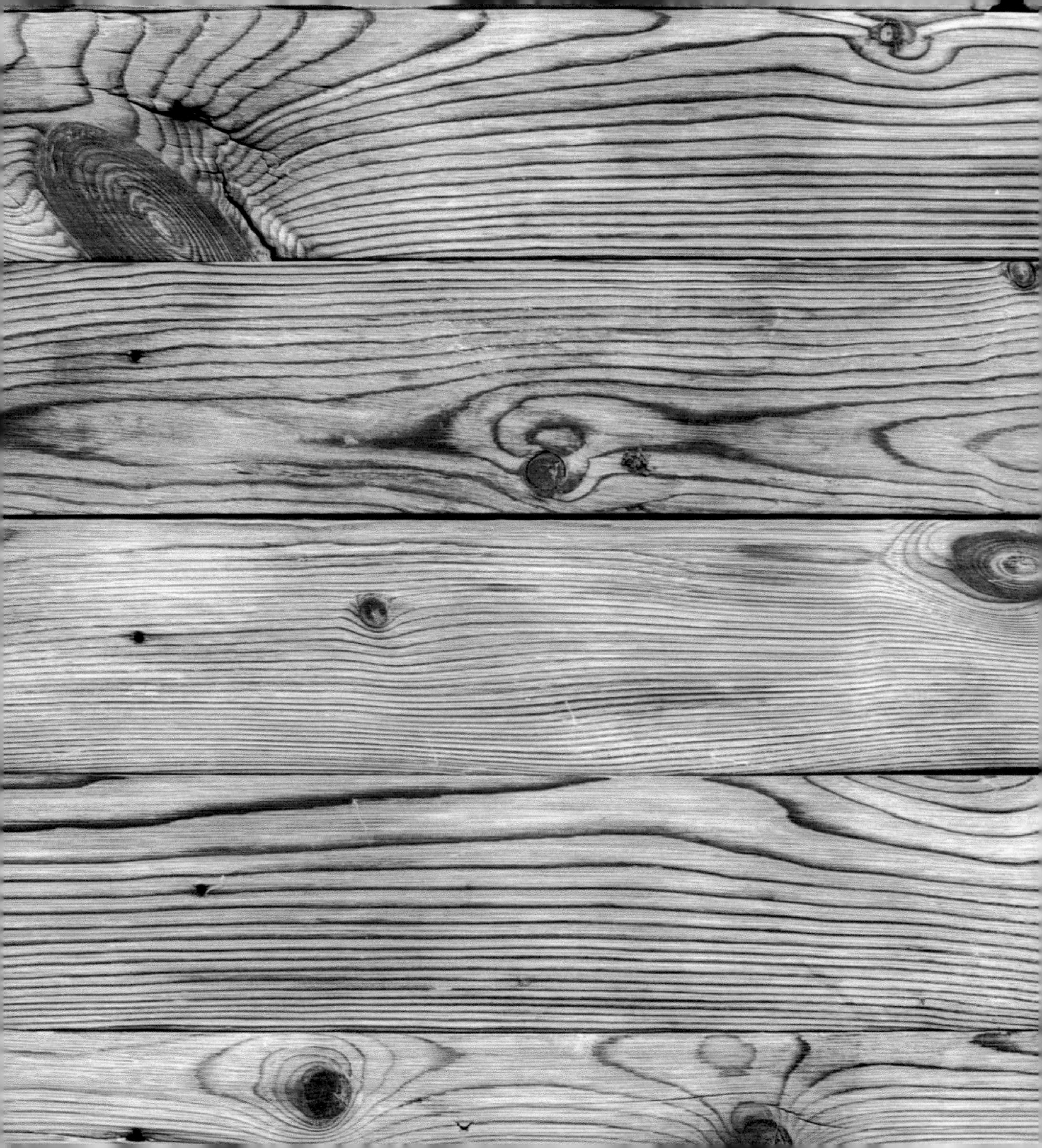

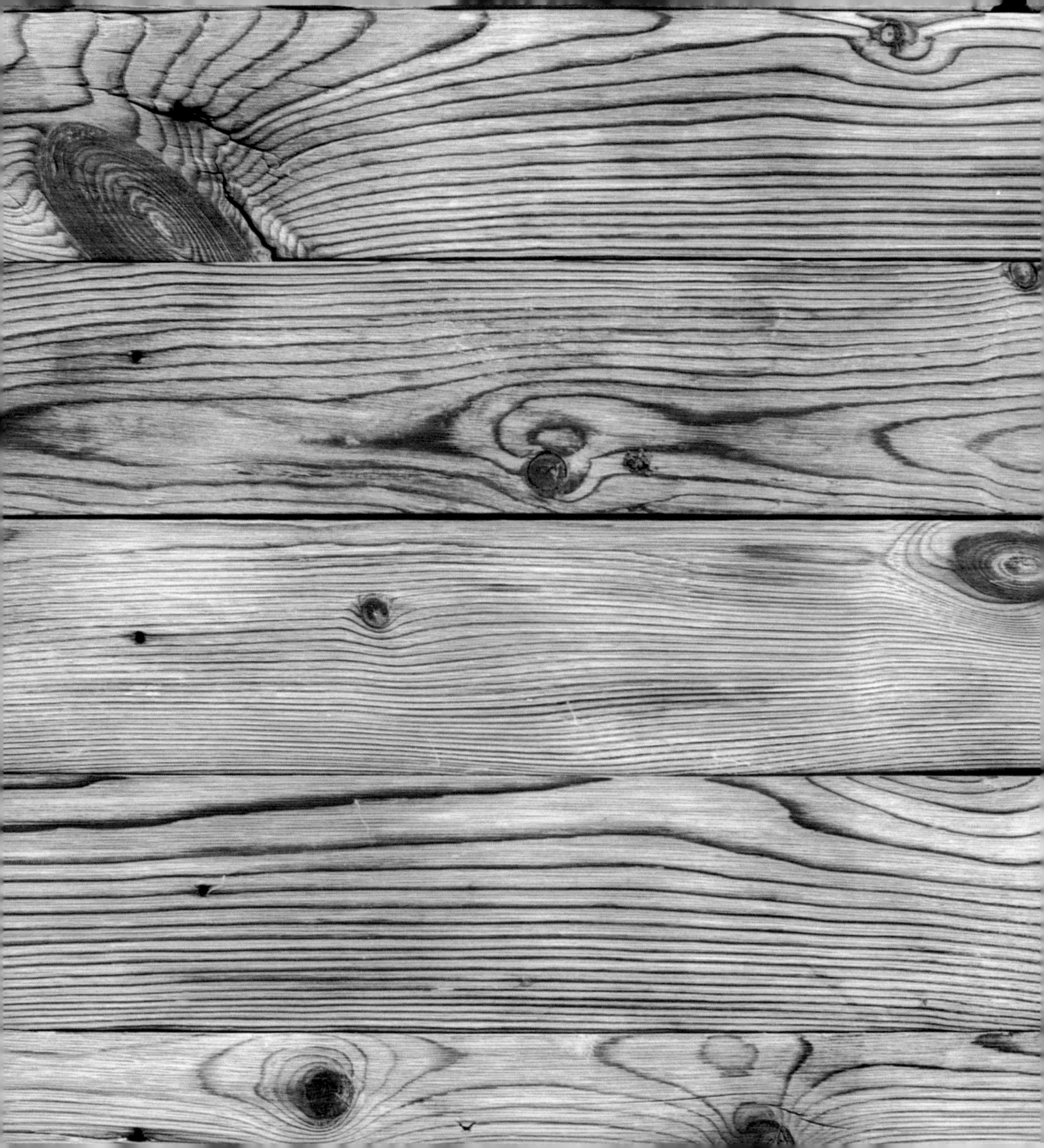

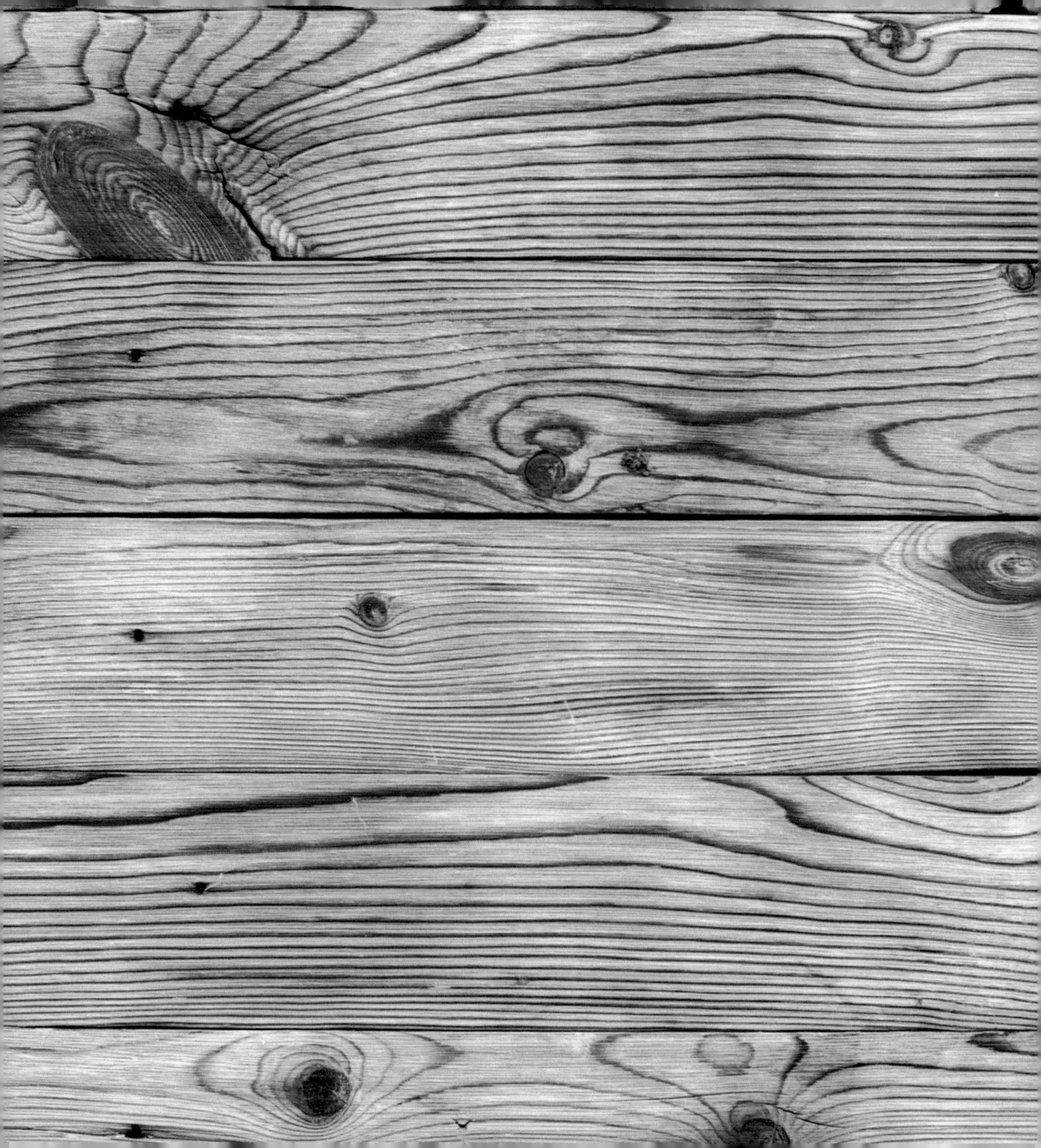

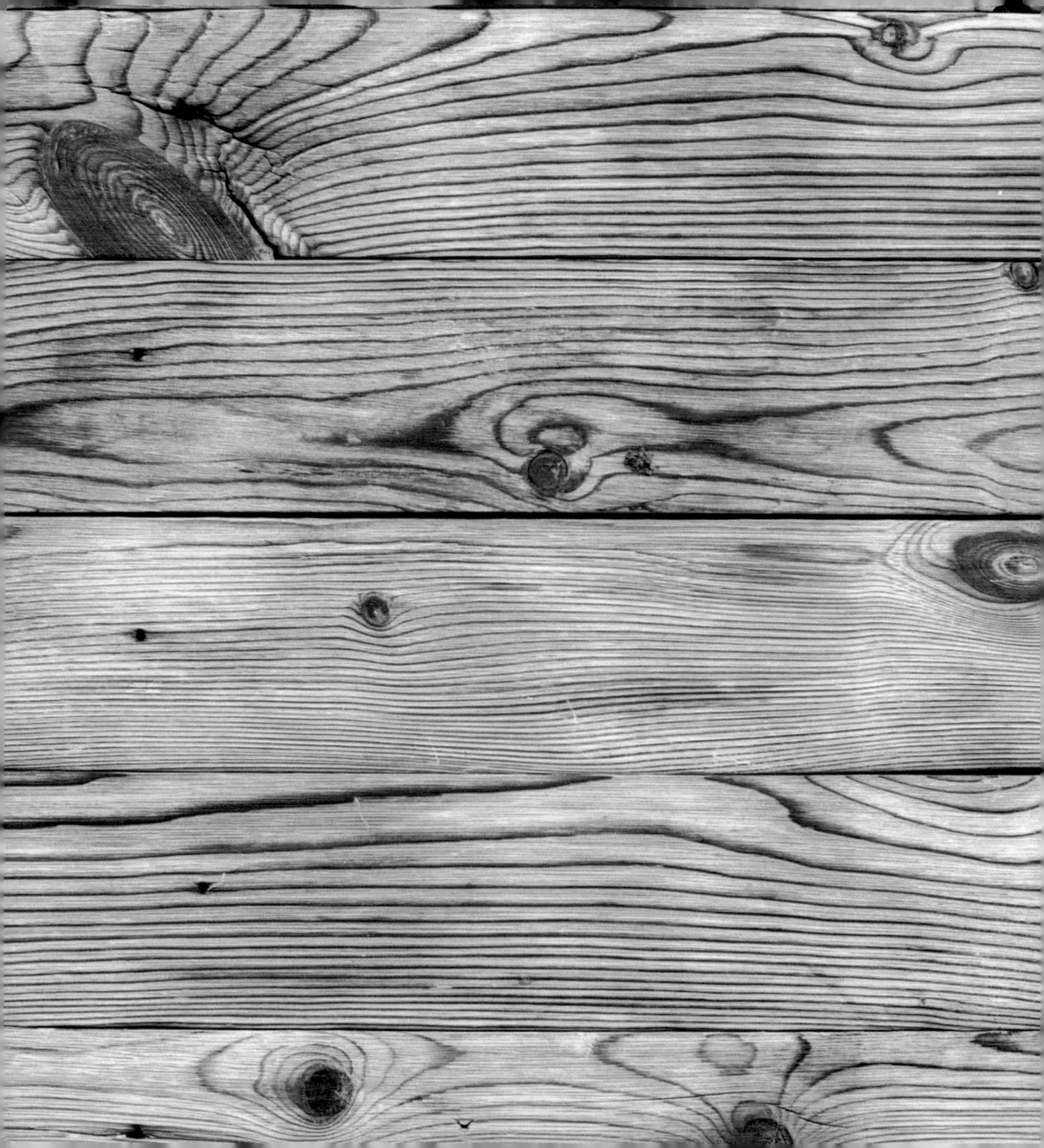

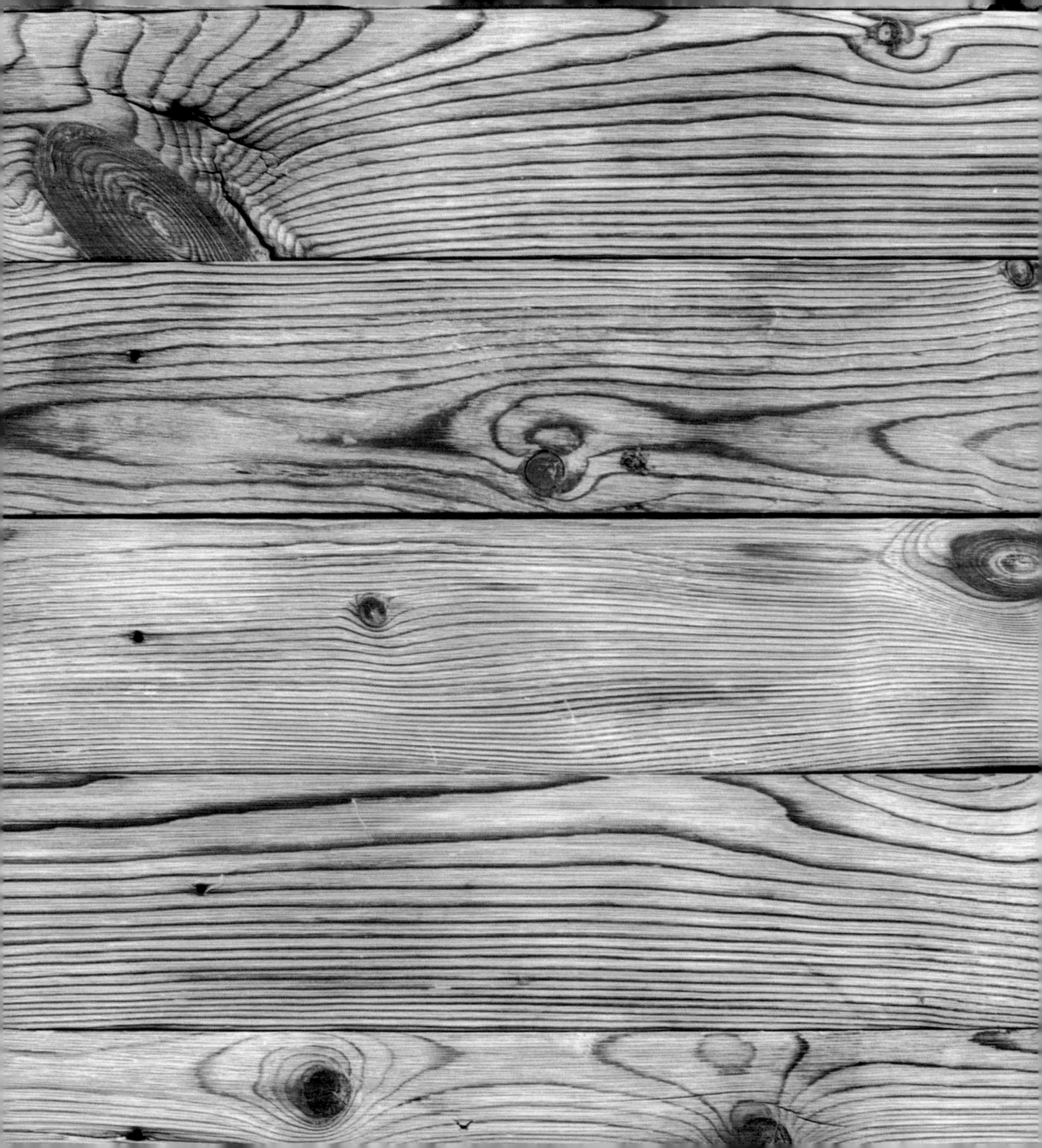

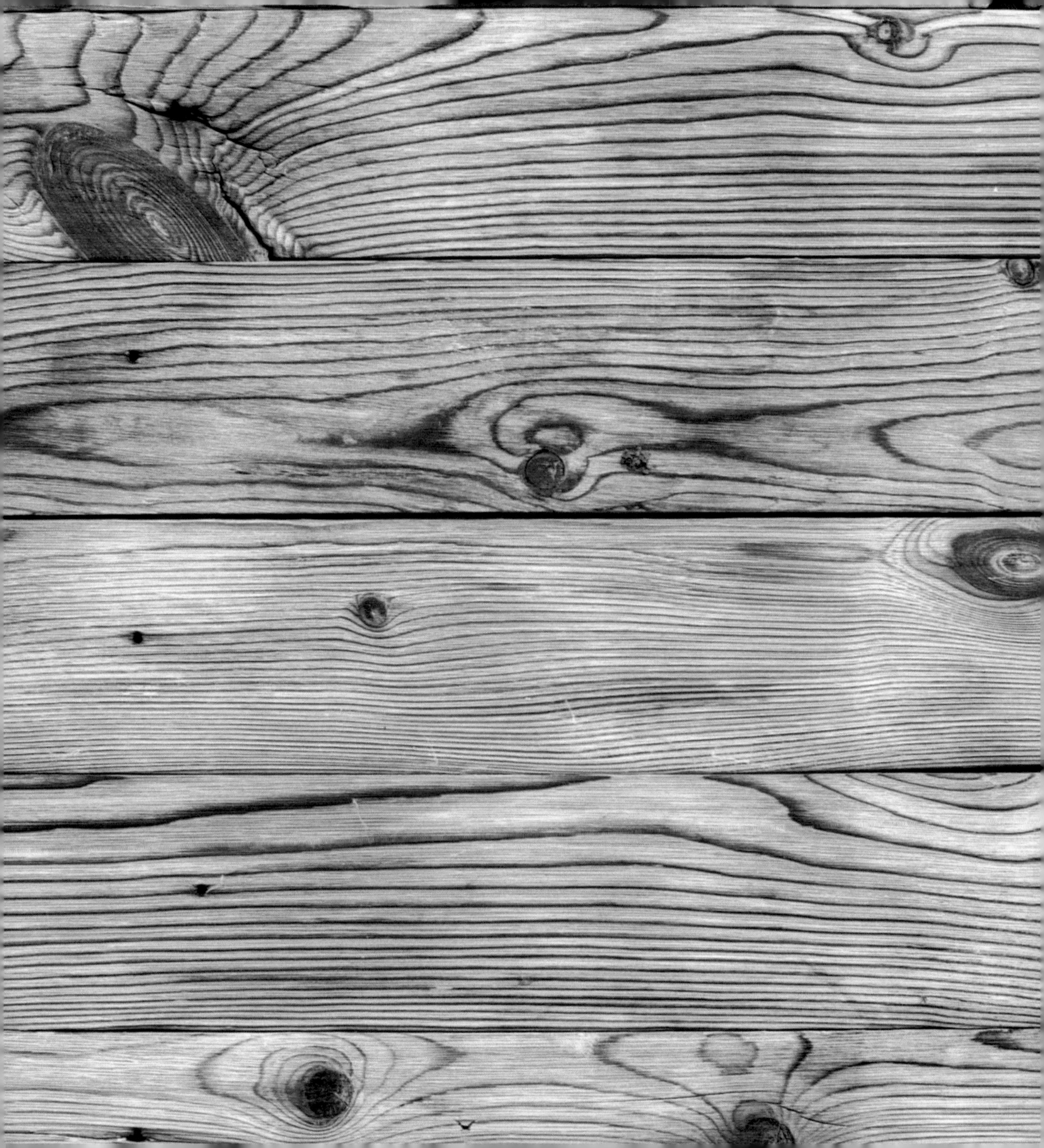